원시인 소녀 부발의 멋진 아이디어

숫자의 발명

지은이 안나 체라솔리
안나 체라솔리는 이탈리아에서 오랫동안 고등학교 수학 선생님으로 일했어요. 어린이를 위한 수학 책을 여러 권 펴냈고, 이탈리아뿐 아니라 세계 여러 나라에 널리 알려져 사랑받고 있어요. 우리나라에는 《숫자 1의 모험》《수학 천재는 바로 너!》《수의 모험》《놀라운 도형의 세계》등이 소개되었어요. 동화 형식으로 쓰인 안나 체라솔리의 책들을 읽다 보면 재미난 이야기 속에 숨은 수학 개념들을 자연스럽게 배울 수 있어요.

그린이 데지데리아 귀치아르디니
데지데리아 귀치아르디니는 1954년 이탈리아의 도시 피렌체에서 태어났어요. 지금은 밀라노에서 어린이들을 위한 책에 그림을 그리며 살고 있어요. 독특한 색감과 그림으로 이탈리아의 많은 어린이 독자들에게 사랑받고 있어요.

옮긴이 이현경
대학과 대학원에서 이탈리아어와 비교문학을 전공했어요. 좋은 책들을 우리 말로 옮기면서 이탈리아 대사관에서 주관하는 제1회 '번역문학상'과 이탈리아 정부가 주는 '국가번역상'을 받았어요. 지금은 한국외국어대학교에서 이탈리아어 강의를 하고 있어요. 옮긴 책으로는 《사랑의 학교》《삐노끼오의 모험》《율리시즈 무어》시리즈 등이 있어요.

LA GRANDE INVENZIONE DI BUBAL
Text: Anna Cerasoli
Illustrator: Desideria Guicciardini
©2012, Edizioni EL S.r.l., Trieste Italy
All rights reserved

No part of this book may be used or reproduced in any manner whatever without written permission, except in the case of brief quotations embodied in critical articles or reviews.
Korean Translation Copyright©2013 by Bomnamu Publishers Published by arrangement with Edizioni EL S.r.l., through BC Agency, Seoul.

이 책의 한국어판 저작권은 BC 에이전시를 통한 저작권자와의 독점 계약으로 봄나무에 있습니다.
신 저작권법에 의해 한국 내에서 보호를 받는 저작물이므로 무단전재와 무단복제를 금합니다.

원시인 소녀 부발의 멋진 아이디어

안나 체라솔리 지음 | 데지데리아 귀치아르디니 그림 | 이현경 옮김

2013년 5월 30일 초판 발행 | 2018년 5월 25일 4쇄 발행
펴낸이 김기옥 | **펴낸곳** 봄나무
편집 김인애 | **북디자인** 정태균 | **영업** 김선주 | **제작** 김형식 | **지원** 고광현 임민진 | **등록** 제313-2004-50호 (2004년 2월 25일)
주소 121-839 서울시 마포구 양화로 11길 13 (서교동·강원빌딩 5층) | **전화** (02) 325-6694 | **팩스** (02) 707-0198 | **이메일** info@hansmedia.com
도서주문 한즈미디어(주) | **주소** 121-839 서울시 마포구 양화로 11길 13 (서교동·강원빌딩 5층) | **전화** (02) 707-0337 | **팩스** (02) 707-0198

ISBN 978-89-92026-96-3 73410

* 이 책 내용의 일부 또는 전부를 재사용하려면 반드시 저작권자와 봄나무 양측의 동의를 얻어야 합니다.
* 책값은 뒤표지에 나와 있습니다.

원시인 소녀 부발의 멋진 아이디어

숫자의 발명

안나 체라솔리 지음 | 데지데리아 귀치아르디니 그림 | 이현경 옮김

봄나무
Bomnamu Publishers

지은이의 말

한국의 어린이 독자 여러분, 안녕하세요

    이 책에서 다시 만나게 되었군요. 이번에는 옛날 옛적의 멋진 이야기를 들려주려 해요. 원시시대에 살았던 소녀의 이야기랍니다. 이 소녀는 어린이다운 상상력과 창의력으로 숫자를 발명했어요!

    그래요. 매 순간, 우리가 어떤 일을 하든지 우리와 함께 하는 숫자가 처음부터 있었던 건 아니에요. 숫자가 없어서 일정한 양을 표시할 수 없었던 시대가 있었답니다.

    그러다 누군가 손가락을 사용하면 된다는 아이디어를 생각해 내게 되었지요. 손이 바로 최초의 셈을 할 수 있는 도구가 된 거예요. 손가락을 이용해서 열 개씩 모둠을 만들고 그 모둠에 각기 다른 수의 기호를 붙여 준 것이지요.

저는 숫자의 탄생이 우리의 역사에서 가장 위대한 발명이라고 생각한답니다! 숫자가 발명되지 않았다면 우리가 사는 세상은 지금과는 많이 달랐을 거예요. 어린이 여러분도 생각해 보세요. 수학이 없었다면 여러분들의 컴퓨터와 휴대전화는 어떻게 되었을까요? 아무 쓸모없는 쇳덩이에 불과했을 거예요. 그 기계들을 움직이는 연료가 바로 수학이니까요.

여러분들이 이 이야기를 재미있게 읽어 주길 바래요. 그리고 여러분도 부발처럼 멋진 아이디어로 이 이야기의 주인공이 되었으면 좋겠어요.

다시 한 번 감사의 인사를 전합니다.

- 이탈리아에서 안나 체라솔리

옛날 옛적 어느 날이었어. 집을 어떻게 짓는지, 자동차를 어떻게 만드는지 아직 아무도 모르던 옛날이었지. 비행기나 컴퓨터는 말할 것도 없고 말이야! 사람들은 글을 쓸 줄 몰랐고 계산도 할 줄 몰랐어. 그때의 사람들을 우린 '원시인'이라고 부르지.

원시인 소녀 부발은 평화롭게 살고 있었어. 그런데 며칠 전부터 아주 중요한 일을 맡게 되었어.

아버지는 부발에게 특별한 임무를 주었어.

"우리 양들을 네가 잘 보살펴야 한다. 한 마리도 없어지지 않게 잘 지켜보렴. 아빠하고 트론 오빠는 사냥을 다녀올 거야."

맞아. 부발에게는 오빠가 한 명 있었어. 용기 있고 힘센 오빠였지. 이제까지 양을 돌보는 건 오빠의 일이었는데, 그동안 오빠는 양을 한 마리도 잃어버리지 않았어.

부발은 오빠 말고도 형제자매가 여럿 있었어. 하지만 모두 부발보다 어려서 엄마가 하루 종일 동생들을 돌봐 줘야 했어.

부발이 할 일은 양을 돌보고 풀을 뜯기는 거였어. 그러다가 가끔 양을 꼭 껴안아 주기도 하고 말이야.

양과 함께 잠을 자면 얼마나 포근한지 몰라!

양 우리는 아주 넓었어. 양들은 우리 안에서 풀을 뜯기도 하고 이리저리 돌아다닐 수도 있었지.
　그런데 얼마 전부터 우리 안의 풀들이 차츰 줄어들기 시작했어. 양들은 울타리 사이로 얼굴을 내밀고 애타는 눈빛으로 밖을 바라보았어. 울타리 밖 너른 풀밭에는 초록 풀이 무성했고 색색의 꽃들도 막 피어나기 시작했거든.

부발은 속으로 이렇게 생각했어.
　'양들을 잠깐만 밖으로 내보내면 어떨까? 그럼 싱싱한 풀을 조금이라도 맛볼 수 있을 텐데. 대낮이니까 위험하지는 않을 거야. 주위에 들짐승도 보이지 않잖아. 내가 잘 지켜보면 돼.'

양들은 신이 나서
밖으로 나갔고 배불리
먹고는 행복해했지.
　부발은 고마운 눈으로
자기를 바라보는 양들과 함께
즐겁게 놀았어. 그러다보니
어느덧 어둠이 내리기 시작했어.
새하얀 양 친구들과 부발은 이제 그만
우리로 돌아가야 했어.
　부발은 오빠처럼 손가락 두 개를 써서 휘파람을 불었어. 그렇게
양들을 불러 모으고 지친 몸으로 우리로 돌아왔단다.

부발은 양들이 동굴 안에 나란히 눕기를 기다렸다가 푹신한 양털 위에 누웠어. 그건 양들이 부발에게 준 선물이었지. 부발은 머릿속으로 아버지와 트론 오빠가 돌아와서 양들을 잘 보살폈다고 칭찬해 주는 장면을 떠올렸어. 그렇게 달콤한 상상에 취해서 막 잠이 들려고 할 때였어. 어디에선가 나뭇가지 부러지는 소리와 구슬픈 양 울음소리가 들리는 거야.

부발은 벌떡 일어나 밖을 내다보았어…….

세상에나, 양 한 마리가 우리 밖에 있었어!
부발은 코에 검은 털이 보송보송 난 그 양을 금방 알아보았어. 이 일을 어쩐담? 양이 전부 우리로 돌아온 게 아니었던 거야! 그럼에도 불구하고 부발은 그걸 알아차리지 못했고! 혹시 아직도 밖에서 헤매는 양이 있을지도 모르는 일이었어.
그 양이 우리로 오는 길을 어떻게 찾을 수 있겠어? 당연히 부발이 찾으러 나가 봐야 했지.

부발은 어둠에 싸인 우리 주변을 구석구석 뒤지다가 마침내 양 한 마리를 더 찾아냈어. 양은 겁에 질려 수풀 속에 웅크리고 앉아 있었어. 이 양을 까맣게 잊어버리고 있다니, 기억력이 대체 어떻게 된 걸까!

부발은 이제 양들이 빠짐없이 우리에 있다고 믿고 싶었어. 할 수 있는 일이라고는 길을 잃고 헤매는 양이 더 이상 없기를 바라는 것뿐이었어.

달리 어떻게 하겠니? 부발이 할 수 있는 일은 하나도 없는걸!

부발은 아버지와 오빠가 맡긴 양이 몇 마리인지도 몰랐어. 그 무렵에는 숫자가 만들어지지도 않았으니 당연한 일이지!

부발은 그날 이후로 양을 절대로 잃어버리지 않겠다고 다짐했어.

다음 날 아침, 양들이 간절한 눈빛을 보냈지만 부발은 모른 척했어. 자신을 믿을 수가 없었거든. 양을 잃어버릴지도 모를, 위험한 상황을 다시 만들기 싫었어.

부발의 생각은 다음 날까지도 변함없었어. 아버지와

트론 오빠는 언제쯤 돌아오려는 걸까? 사냥이 쉽지 않은 모양이었어. 어쩌면 약삭빠르고 영리한 사냥감을 쫓아 여느 때보다 훨씬 멀리까지 갔는지도 몰라.

그사이 양들은 우리 안에 남아 있던 마지막 풀 몇 포기마저 다 먹어 버렸어. 이제는 우리 바깥에 있는 풀밭으로 양들을 내보낼 수밖에 없었어.

하지만 한 가지는 확실했어. 양들을 밖으로 내보내려면
양들이 다 돌아왔는지 확인할 방법부터 찾아야 한다는 거였지.
양들과 노는 것 말고 부발이 좋아하는 일이 하나 더 있었는데,
그건 바로 생각하는 일이었어. 부발은 열심히 생각하고
또 생각해서 좋은 방법을 떠올려 보기로 했어.

부발은 한참 동안 꼼짝하지 않았어. 배고파 지친 양들에게서
눈을 떼지 않은 채, 두 손으로 얼굴을 받치고 앉아 있었지.
이윽고 한 가지 생각이 또렷하게 떠오르기 시작했어.

'그래, 여러 동생의 얼굴을 다 기억하듯이 양들의 얼굴을
모두 기억하면 되는 거야! 맞아. 바로 그거야. 양들의 얼굴을
기억할 수 있다면, 양들이 모두 우리로 돌아왔는지도
확인할 수 있을 거야.'

부발은 우리 입구에 섰어.

부발은 첫 번째 양을 가까이에서 조심스럽게 살펴보며 기억할 만한 특징을 찾아보았어.

"찾았다! 애는 꼬리가 곱슬곱슬해. '곱슬이'라고 불러야겠어. 나중에 곱슬이가 들어왔는지 확인해야지."

다른 양이 앞으로 나왔어. 그 양은 턱 아래에 있는 털이 아주 길었어. 꼭 수염이 난 것처럼 말이야.

"좋아. 애는 '수염이'라고 불러야지. 그러면 알아볼 수 있을 거야."

또 다른 양이 다가왔어.

"얘는 통통하네. '통통이'라고 부를래. 기억하기 쉽겠는걸."

부발은 그런 식으로 양들에게 계속 이름을 붙여 줬어. '시무룩이', '명랑이', '하얀이', '홀쭉이'……. 그런데 말이야……. 그러기엔 양이 너무 많았어. 정말이지 그건 아니었어. 그런 식으로는 양을 제대로 확인할 수 없을 것 같았어. 그 많은 이름을 다 기억할 수는 없을 테니까!

결국 그날도 양들은 밖으로 나갈 수 없었어.

한밤중에도 양들이 계속 울었어. 불쌍한 양들은 배가 너무 고파서 잠을 잘 수 없었던 거야. 부발도 잠을 이룰 수 없었어. 그 작은 머릿속으로 온갖 생각들이 몰려들었거든. 생각에 잠겨 있던 부발에게 불현듯 좋은 방법이 떠올랐어.
그건 바로, 한 번에 한 마리씩만 내보내는 방법이었지!
'그래, 한번 해 보는 거야.'

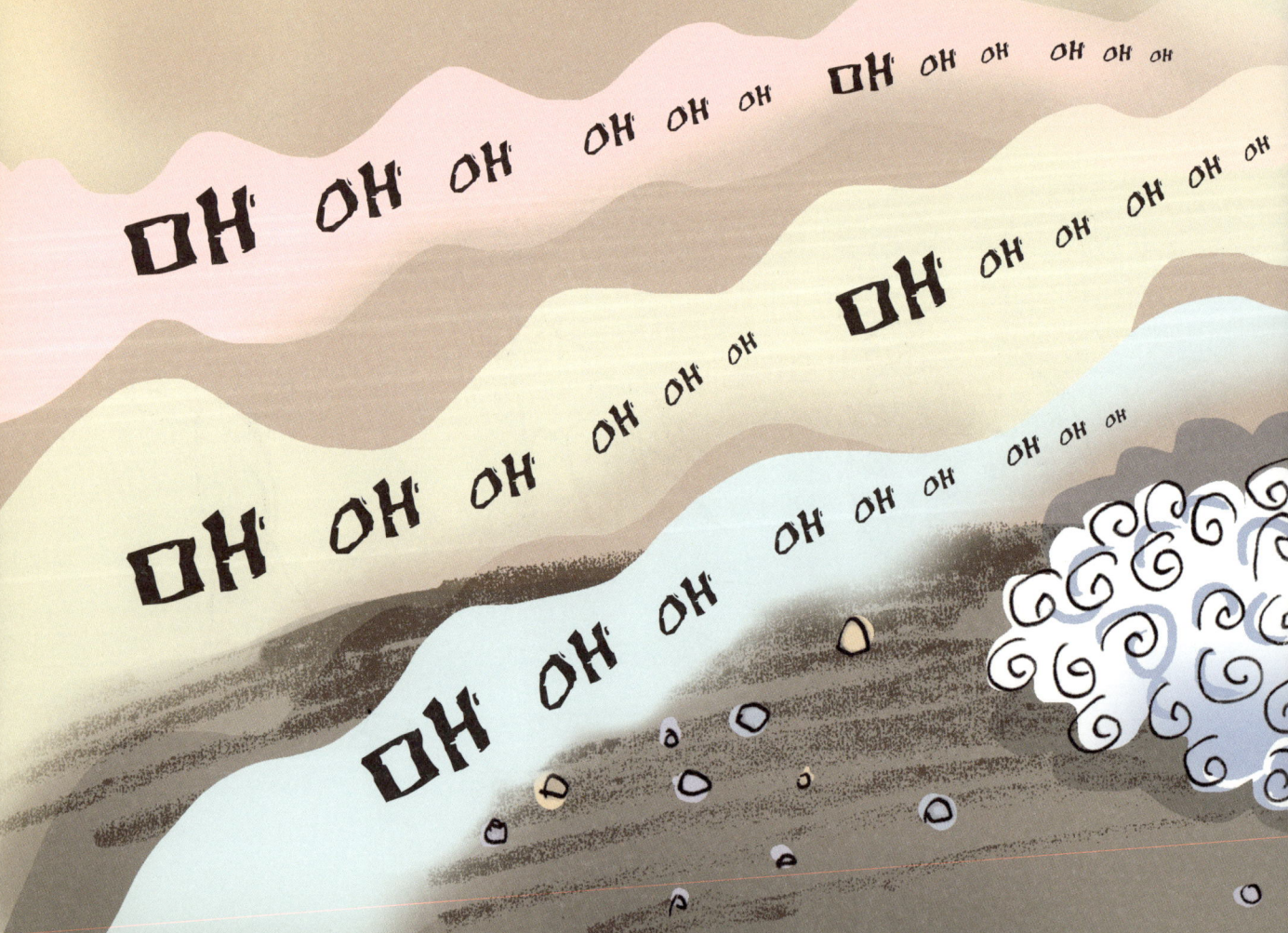

OH OH OH OH OH OH OH OH OH OH OH OH OH OH OH OH

OH OH OH OH OH OH OH OH OH OH OH OH OH

OH OH OH OH OH OH

OH OH OH OH OH OH

부발은 아침 일찍 일어나서 양 한 마리를 울타리 앞쪽으로 데리고 갔어. 그리고 바깥의 풀을 조금 뜯어 먹게 했지. 그런데 그 양은 부드럽고 맛 좋은 풀을 제대로 즐길 틈이 별로 없었어. 다른 양 친구들이 배고픔을 달랠 수 있게 곧바로 우리로 돌아와야 했거든!

부발은 풀을 먹고 온 양과 아직 풀 뜯는 기쁨을 누리지 못한 양들이 섞이지 않도록 해야 했어. 그래서 풀을 먹은 양에게는 석탄으로 표시를 해 두었지. 그런 식으로 몇 마리를 내보냈는데, 이대로는 하루가 다 흘러도 소용없을 거라는 걸 금방 알게 되었어.
'이 방법으로는 양들을 다 배불리 먹일 수 없을 거야!'

그렇지만, 그렇지만…… 잘 생각해 보니 시간을 아낄 방법이 있었어! 양을 짝지어 함께 내보내면 되는 거였어!

부발은 그렇게 했어. 그러고는 양이 짝을 지어 행복하게 풀을 뜯는 모습을 보며 생각했지.

'양 한 마리, 한 마리, 또 한 마리를 한꺼번에 내보내는 건 어떨까? 그러면 시간을 더 절약할 수 있을 거야!'

부발은 생각대로 했어. 그러자 새로운 생각이 꼬리를 물었지. 그래서 부발은 양 한 마리, 한 마리, 한 마리, 그리고 또 한 마리를 함께 나가게 하기로 결정했어.

이번에도 부발은 그렇게 했어. 그런데 잘 생각해 보니 양 한 마리, 한 마리, 한 마리, 한 마리, 거기다 또 한 마리를 내보내도 될 것 같았어! 그렇게 해도 그 양들은 부발의 다섯 손가락으로 콕 집어 가리킬 수 있잖아. 서로 뒤섞일 위험이 없었어!

맞아. 손가락으로 양을 가리키는 방법을 쓴다면,

손가락 하나는 양 한 마리를 의미하는 기호가 돼. 부발이 그 누구보다 먼저 '셈하는 도구'를 발명한 거야. 그 도구는 바로 거기, **부발의 손**에 있었지!

부발은 풀을 뜯으러 나간 양들을 바로 확인할 수 있었어. 손가락으로 양을 가리키기만 하면 됐거든. 이제 그 양들을 기억하지 못할 일은 없었어.

와, 만세! 이제 우리에 있던 양들은 손가락 수만큼 무리를 지어 밖으로 나갈 수 있었어. 양들은 행복하게 풀을 뜯고 우리로 돌아왔어. 그때마다 부발은 동굴 벽에 표시를 해 두었어. 손을 쫙 펼친 모양과 비슷한 표시였지. 바로……

V, 이렇게 말이야.

마지막으로 남은 양 한 마리와 또 한 마리가 밖으로 나가서 풀을 먹었어. 이렇게 하는 데 꼬박 하루가 걸렸지만, 그래도 양은 한 마리도 잃어버리지 않았어.

얼마나 피곤했을까? 그래도 모두 만족스러워했어!
그날 밤 양들은 편안히 잠들었단다. 동굴 안에 양들의
코 고는 소리가 울려 퍼졌지. 부발도 그 어느 때보다

달콤한 잠에 빠져 푹 쉬었어.
 부발은 꿈속에서 양들과 함께 빙글빙글 돌기도 하고,
큰 소리로 노래도 하면서 즐겁게 놀았어.

먼 동이 틀 무렵, 부발은 잠에서 깼어. 새로운 하루가 시작되자, 부발의 양들은 다시 배고파하며 풀을 먹고 싶어 했어. 그런데 하늘에는 시커먼 구름이 떠 있었어. 곧 비가 내릴 것 같았지. 양들은 비를 맞지 않고 풀을 배불리 먹을 수 있을까? 부발은 좀 더 서둘러야만 했어. 하지만 어떻게?

바로 그때, 부발의 머릿속에 어떤 생각이 떠올랐어.
한밤중에 치는 번개처럼 아주 선명했지. 왜 지금껏 그 생각을
못 했을까? 부발에게는 **손이 하나 더** 있잖아!
그러니까 양손의 손가락만큼 양들을 한꺼번에 내보낼 수 있었던
거야. 그러면 시간도 절약되고, 양들도 다 확인할 수 있지.

부발은 정말 그렇게 했단다. 부발은 스스로 대견하게 여기면서 양들이 무리 지어 나갈 때마다 동굴 벽에 표시를 했어. 손을 아래위로 붙여서 편 모양, 바로……
✗로 말이야.

구름은 물기를 잔뜩 머금었지만, 한동안은 잠잠했어.
하지만 곧 시커멓고 으스스하게 변하더니 금방이라도 비를
쏟을 것 같았어. 다행히 많은 양들이 아주 빠른 시간 안에
배를 채웠어. 풀을 먹지 못한 양은 이제 몇 마리 남지 않았어.
두 손이 아니라 한 손으로도 그 양들을 가리킬 수 있었지.

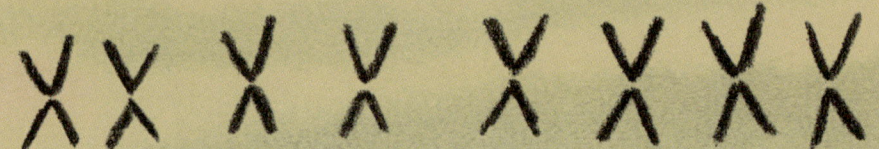

남아 있는 양들은 맛있게 풀 먹는 상상을 하면서 자기 차례를 기다렸어. 그사이 부발은 동굴 벽에 멋진 작품을 완성시켰어. 손가락 두 개가 떨어져 있는 표시, 그러니까……

| | 표시를 벽에 새긴 거야!

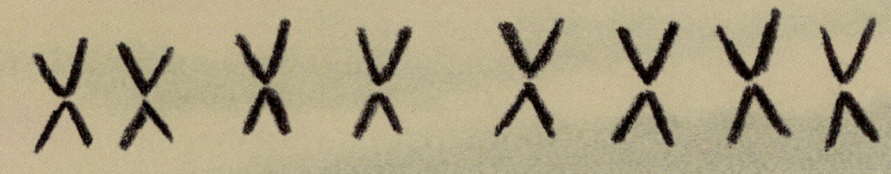

천둥 번개가 치기 시작했을 무렵에는 모든 양들이 동굴 안으로 들어와 누워 있었지. 너희 같은 어린이가 세상에서 가장 먼저 숫자를 발명해 새겨 둔, 바로 그 벽 밑에 말이야.

10 +
10 +
10 +
10 +
10 +
10 +
10 +
10 +
5 +
2 =
―――
87

– "그러니까 양들은 전부 87마리예요!"

– "선생님, 선생님! 그런데 부발의 아빠와 오빠가 돌아왔을 때 부발에게 뭐라고 말했을까요? 칭찬해 줬을까요?"

– "글쎄. 그건 아무도 모른단다. 사실 저 벽에 숫자를 새긴 게 진짜 여자아이인지 아닌지도 모르는걸. 그렇지만 분명한 게 한 가지 있어. 우리는 이 표시를 보고서, 인류의 수많은 발명이 어떻게 첫걸음을 떼었는지 알 수 있다는 거야. 이건 숫자의 발명이라고 할 수 있어. 아주 먼 옛날 바위에 이런 표시를 해 둔 원시인이 우리에게 그 이야기를 들려주는 거란다."

– "그런데 선생님, 이 이야기는 진짜 일어났던 게 아니잖아요! 선생님이 만든 이야기니까요. 이제 진짜 이야기를 해 주세요!"

– "그래, 맞아. 숫자가 발명되기 전에는 이 세상에 골칫거리가 얼마나 많았을까 상상하면서 선생님이 만든 이야기란다. 그런데 만약에 너희들이 부발이었다면 어떻게 했을 것 같니?"

– "선생님, 전 제가 어떻게 했을지 알아요! 부발의 오빠 트론도 틀림없이 이렇게 했을 거예요."

– "그게 뭔지 선생님과 친구들에게도 들려줄래?"

– "제 생각에 트론은 작은 돌멩이를 잔뜩 구해서 바구니에 담아 뒀을 것 같아요. 그걸 우리의 출입문 옆에 놔뒀겠죠. 그리고 그 옆엔 또 다른 바구니를 두는 거예요. 작은 돌멩이 하나는 양 한 마리인 거예요. 양들은 아침에 잠에서 깨자마자 당장 풀밭으로

나가고 싶어 하잖아요. 배가 고프니까요.

영리한 트론은 양이 한 마리씩 나갈 때마다 돌멩이를 집어서 얼른 두 번째 바구니에 넣었어요. 그렇게 하면 양이 움직일 때마다 돌멩이도 하나씩 옮겨져서, 결국에는 두 번째 바구니에 수북이 쌓이게 돼요. 그러면……."

– "선생님, 선생님! 제가 이어서 설명해 볼게요! 양이 우리로 돌아오고 싶어 할 때 트론이 어떻게 했을지 알거든요. 트론은 이렇게 했어요. 양 한 마리가 우리로 들어오는 문을 지날 때마다 두 번째 바구니에서 돌멩이를 하나 꺼내 첫 번째 바구니에 넣었어요. 양들이 모두 우리로 들어오고 바깥에 한 마리도 남지 않으면, 돌멩이는 전부 첫 번째 바구니에 쌓여 있을 거예요. 그러면 트론은 안심할 수 있어요. 정말 쉬워요, 그렇죠? 하지만 두 번째 바구니에 돌멩이가 몇 개 남아 있다면 트론은 틀림없이 걱정했을 거예요. 그건 양이 길을 잃었거나 우리로 돌아오지 않으려고 어딘가에 숨었다는 뜻이니까요……. 음, 어쩌면 세상 구경을 하고 싶었을지도 몰라요. 그래서 혼자 멀리 가고 싶었는지도요."

– "그렇지만 그러다 늑대라도 만나면 어떡해……."

– "좋아, 아주 훌륭해. 너희들은 정말로 똑똑해."

– "선생님, 그런데 이 돌멩이 얘기는 선생님이 저희한테 들려주신 건데 기억 안 나세요? 원시인들이 어떤 방법을 써서 수를 셌는지 설명해 주셨잖아요. 그리고 '돌멩이'라는 말 대신에 '기호'라는 말을 쓸 수도 있다고 설명해 주셨어요. 그러니까 '셈하다.'라는 건 '기호를 이용해 수를 헤아리다.'라는 뜻이에요."

– "기억하고말고. 너희들이 그 이야기를 잊지 않고 기억해 줘서 참 기쁘구나. 혹시 또…… '만일 내가 부발이었다면 어떻게 다른 방법으로 계산했을 거다.' 하고 말해 볼 사람 있니? 나무 조각을 사용했다거나 벽에 표시를 하려고 뾰족한 돌을 이용하지는 않았을까?"

– "저요, 저요! 저라면 양이 나갈 때마다 나무 조각에 막대 표시를 했을 거예요. 그렇게 하면 양의 수만큼 막대가 표시되잖아요. 그러고는 양들이 풀을 다 뜯고 우리로 돌아올 때, 들어오는 양의 수와 막대 표시가 일치하는지

확인할 거예요. 마음속으로 수가 일치하길 바라면서요.
그렇지 않으면 큰일이잖아요. 양이 사라졌거나 절벽에서
떨어졌거나…… 가엾게도 늑대에게 잡아먹혔을 수도
있으니까요."

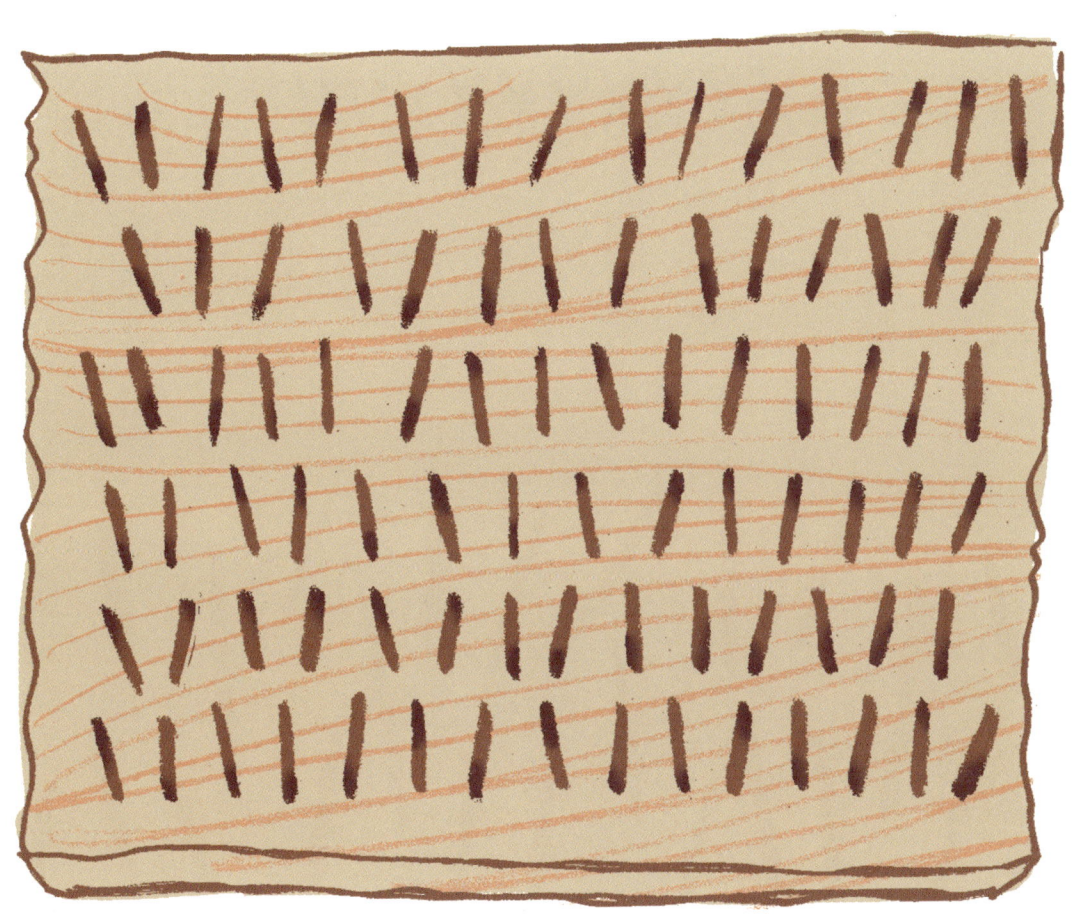

– "우리 꼬마 원시인들, 정말 똑똑하구나! 모두 양의 수를 확인하는 뛰어난 방법들이야! 그런데 부발의 아이디어에는 특별한 뭔가가 있단다. 정말 새로운 것이지……. 바로 이거야. 잘 들어 보렴. 부발은 양의 수만큼 많은 막대를 표시하는 게 아니라, 몇 개의 표시만으로 양이 몇 마리인지를 우리에게 똑똑히 말해 주고 있어! 자 여길 봐.

겨우 이 몇 개의 표시가 막대 87개와 똑같은 값을 나타내잖아!

숫자란 바로 이런 거야. 많은 양을 작은 기호로 나타낼 수 있게 해 주는 것이지. 부발이 양 다섯 마리를 가리키기 위해 손을 그렸을 때 우리가 말하는 숫자 5가 발명되었어.

두 손을 그렸을 때는 숫자 10이 발명된 것이고!"

— "선생님, 부발의 숫자 5와 숫자 10은 고대 로마인들이 쓰던 숫자와 비슷해요. 로마인들은 이렇게 썼잖아요.

V와 **X**로요.

로마인들이 부발의 숫자를 따라했는지도 몰라요!"

– "그럴지도 모르지. 동굴 벽에 그려진 손과 로마 숫자는 정말로 아주 비슷하니까. 자, 우리 다 같이 부발에게 박수를 보내 줄까? 우리는 이제 학교로 돌아가서 숫자의 세계에서 벌어지는 놀라운 모험을 계속하도록 하자."

XXXXXXX VII